ÉNÉE
ET
LAVINIE,
TRAGÉDIE;
REPRÉSENTÉE, POUR LA PREMIÉRE FOIS,
PAR L'ACADEMIE-ROYALE
DE MUSIQUE,
Le Mardi 14 Février 1758.

Et remiſe au Théâtre le **Mardi** 6 Décembre 1768.

PRIX XXX. SOLS.

AUX DÉPENS DE L'ACADÉMIE.
A PARIS, Chés DE LORMEL, Imprimeur de ladite Académie, rue du Foin, à l'Image Sainte Genevieve.

On trouvera des Exemplaires du Poeme à la Salle de l'Opera.

M. DCC. LXVIII.
AVEC APPROBATION ET PRIVILEGE DU ROI

Le Poeme est de FONTENELLE.

La Musique de M. DAUVERGNE , Surintendant
& Maître de la Musique du Roi.

ACTEURS CHANTANTS
DANS LES CHŒURS.

CÔTÉ DU ROI.		CÔTÉ DE LA REINE.	
Mesdemoiselles.	*Messieurs.*	*Mesdemoiselles.*	*Messieurs.*
Durand.	Héri.	Hebert.	l'Écuyer.
Guillaume.	Cailteau.	d'Agée.	Albert.
Fontenet.	Candeille.		Tourcati.
le Bourgeois	Van-Hecke.	des Rosieres.	Paris.
Beauvais.	Vatelin.	Jouette.	Touvois.
Chenais.	Vaudemont.	Leger.	Beghain.
Veron.	Lagier.	de l'Or.	Capois.
Renard.	Larssure.	Sophie.	Laurent, c.
Héri.	Rose.		Boi.
	Robin.	Châteauneuf.	
Beauvernier.	Antheaume.	le Queux.	Laurent, l.
	Méon.		Huet.
	Botson.		Itasse.
	Cleret.		Parant.
	Tacusset.		Noel.

A ij

4

ACTEURS.

ÉNÉE, *Prince Troyen*,   M. le Gros.

ILIONÉE, *ami d'ÉNÉE*,   M. Durand.

LAVINIE, *Princesse du Latium*,   Mlle. du Ranci.

CAMILLE, *Confidente de LAVINIE*, Mlle. Rivier.

Le ROI *du Latium*,   M. Gélin.

La REINE,   Mle. du Bois.

TURNUS, *Prince des Rutules*,   M. l'Arrivée.

Le GRAND-PRÊTRE *de JANUS*,   M. Muguet.

JUNON,   Mlle. du Plant.

Un FAUNE,   M. Durand.

Une DRIADE,   Mlle. Rosalie.

L'ORACLE de FAUNUS, M. Caſſaignade.

L'OMBRE de DIDON,   Mlle. du Plant.

VÉNUS,   Mde. l'Arrivée.

IRIS,   Mlle. Rosalie.

PRÊTRES & PEUPLES *du LATIUM*.

SOLDATS *TROYENS & RUTULES*.

FAUNES & DRIADES.

BACCHANTES.

JEUX & PLAISIRS.

PEUPLES de l'*ASIE*.

GNOMES.

PERSONNAGES DANSANTS.

ACTE PREMIER.

PEUPLES LATINS.

M. GARDEL.

Mlle. MION.

Mrs. SIMONIN, des PREAUX.

Mlles. du PEREI, GARDEL.

le Grand, la Rue, Cafter, Ferrer, Hennequin, c.,
Delfire.

Mlles. Vernier, Riviere, de l'Aunai, d'Auvilliers,
l'Aud'heumier, Adéline.

6

ACTE SECOND.

FAUNES ET DRIADES.

Mlle. HEINEL.

M. DAUBERVAL, Mlle. PESLIN.

M^{rs}. Gambu, Ferer, Martinet, Cafter, Pierfon, Rouffel, Hennequin, c., le Ro main.

M^{l.es}. Vernier, le Roi, d'Auvilliers, Lavau, Hidoux, Ifoire, Villette, Julie.

ACTE TROISIEME.

BACCHANTES.

Mlle. ALLARD.

Mlles. HEINEL, ASSELIN.

Mlles. MION, PITROT.

Mlles. de Miré, Gaudot, Grandi, Mercier, la Fond, Buard, Mimi, Ifoire, Hidoux, Teftard, d'Auvilliers, Vernier, Lavau, Gillfenan, le Houx, Tacite.

ACTE QUATRIEME.

JEUX et PLAISIRS.

M. VESTRIS, Mlle. GUIMARD.

M^{rs}. Leger, Riviere, Trupti, Granier, du Bois, Gardel, c., des Preaux, Lani, c., Aubri, Pierson, Hennequin, l., Ferer.

Mlles. Gaudot, Grandi, Mercier, la Fond, Buart, Mimi, Teſtard, Blondeval, Gillſenan, le Houx, Tacite, la Chaſſaigne.

GRACES.

Mlles. AUDINOT, du PEREI, d'ERVIEUX.

AMOURS.

Mlles. des PERIERES, BERVILLE.

ACTE CINQUIEME·

HÉBÉ,

Mlle. GUIMARD.

SUITE D'HÉBÉ.

Mlle. ASSELIN.

Mlles. Dervieux, Audinot, le Roi, le Clerc, Louifon, Riviere, Buret, Adeline.

ESPRITS DE L'AIR.

M. GARDEL.

M. LANI.

M^{rs}. Allix, Beaulieu, Gallet, le Grand, Gambu, Ferrer, Balderoni, le Romain.

GNOMES & GNOMIDES.

Mlle. ALLARD.

M. DAUBERVAL, Mlle. PESLIN.

M^{rs}. Leger, Riviere, Granier, des Preaux.
Mlles. de Miré, Gaudot, Grandi, Blondeval.

ÉNÉE.

ÉNÉE ET LAVINIE, *TRAGÉDIE*.

ACTE PREMIER.

Le Théâtre repréſente le Temple de Jánus, dont les portes ſont ouvertes, la guerre entre Énée & Turnus n'étant pas terminée. On voit, dans le fond du temple, la ſtatue de Jánus, aux piés de laquelle ſont enchaînées la Diſcorde, la Haîne, la Fureur & la Guerre.

SCÉNE PREMIERE.

ÉNÉE, ILIONÉE.

ILIONÉE.

ENFIN voici le jour qui donne à la princeſſe
Ou vous, ou Turnus pour époux ;
Le Roi va choiſir entre vous.
Chaſſés cette ſombre triſteſſe :

B

Pourquoi vous refuser à l'espoir le plus doux ?

É N É E.

Non, ne me flate point d'une espérance vaine.
De mes tendres soûpirs je recevrois le fruit,
Malgré l'heureux Turnus, appuyé par la Reine !
Non, ne me flate point d'une espérance vaine ;
Non, je connois trop bien le sort qui me poursuit.

SCÈNE II.

ÉNÉE, LAVINIE, ILIONÉE ; CAMILLE.

É N É E.

Daignés vous arrêter, princesse trop charmante ;
Tournés les yeux sur moi : j'attends ici mon sort ;
J'attends, dans un moment, ou la vie ou la mort :
Quel moment, juste ciel ! mon cœur s'en épouvente.

L A V I N I E.

Il est vrai que ce jour va régler les destins
    Des trop infortunés troyens :
    Vous sortirés du-moins d'incertitude ;
Vous saurés si les Dieux, désarmant leur couroux.

ÉNÉE.

Je vais ſavoir ſi je dois être à vous,
C'eſt toute mon inquiëtude.

Sur mon deſtin malheureux
Un regard de vos beaux yeux
Eſt l'oracle que j'implore :
Accordés à qui vous adore
Un ſeul regard de vos beaux yeux.

LAVINIE.

Dans mes regards que pourriés-vous apprendre ?
Entre vous & Turnus le Roi ſeul choiſira.

ÉNÉE.

A ce choix, quel qu'il ſoit, votre cœur ſe rendra ?
Ah ! ceſſés de vous en défendre.
Oui, l'Amour prépare à vos vœux
Le ſuccès le plus favorable :
Peut-il ceder à d'autres dieux
Le ſoin de rendre heureux
L'objet le plus aimable ?
Princeſſe, ne différés pas ;
Parlés, nommés l'amant que votre cœur préfere.

LAVINIE.

A quoi m'expôſerois-je, hélas !

En prévenant le choix d'un pere?

É N É E.

O Vénus, o mere d'amour !
Croirai-je encor que je vous dois le jour ?

(*On entend une annonce de Marche.*)

L A V I N I E.

Qu'entends-je?.. le Roi vient; l'heure fatale arrive!

É N É E.

Vous ne raffûrés point mon âme trop craintive !

L A V I N I E.

Prince, fi dans ce jour le choix m'étoit permis,
Vous pourriés reconnoître
Que Vénus a toûjours favorifé fon fils.

É N É E.

Ah, ciel ! fe pourroit-il....

L A V I N I E.

Je vois le Roi paroître.

(*Marche.*)

SCÉNE III.

LE ROI, LA REINE, LAVINIE, ÉNÉE, TURNUS, ILIONÉE, CAMILLE, PRÊTRES DE JANUS, GARDES, SOLDATS TROYENS, SOLDATS RUTULES, PEUPLES LATINS.

LE ROI.

Vous, qui dans les combats futes si redoutés,
  Nobles rivaux, qui consentés
  A terminer une guerre cruëlle ;
Je vais, dans ce grand jour, prononcer entre vous;
De Lavinie enfin je vais nommer l'époux :
Puisse mon choix produire une paix éternelle!

O Jânus ! c'est à toi de nous rendre la paix.

ÉNÉE & TURNUS.

O Jânus ! nos ferments font garents de la paix.

LE ROI, ÉNÉE & TURNUS.

Retiens captives déformais
La Guerre, la Fureur, la Difcorde & la Haîne;
Retiens-les à tes piés fous une même chaîne.

LE ROI & LE CHŒUR.

Ensemble.

{ O Jânus ! c'eft à toi de nous rendre la paix.

ÉNÉE & TURNUS.

O Jânus ! nos ferments font garents de la paix.

(*Danfe des peuples, qui demandent à JANUS*
le retour de l'Age-d'or.)

CHŒUR.

Jours heureux, jours pleins de charmes,
Recommençés votre cours :
Vous, qui coûliés fans allarmes,
Revenés, aimables jours.

(*On danfe.*)

ILIONÉE.

Doux charme de nos âmes,
Plaifirs, Amours, régnés fur tous les cœurs ;
La Paix va rallumer vos flâmes ;
Plaifirs, Amours, foyés nos feuls vainqueurs,
Que le feu de la Guerre
Cede au feu de l'Amour.
Qu'il enflâme à fon tour
Et les cieux & la terre :
Qu'en ces lieux déformais
Tout refpire la Paix.

Doux charme, &c.

(*On danfe.*)

LE ROI.

Miniftres de Jânus, vous, que de fes mifteres
Il a rendu dépofitaires,
Pour marque de la paix, fermés l'augufte lieu
Habité par le Dieu.

(Les prêtres ferment les portes avec cérémonie.)

LE GRAND-PRÊTRE.

Que l'on garde un profond filence;
Le Roi va déclarer fon choix,
Si les dieux aux humains refufent leur préfence,
Ils daignent leur parler par la bouche des rois.

(Dans ce moment les portes du temple s'ouvrent d'elles-mêmes, avec un grand bruit ; tout le temple paroît en feu; les quatre Déites, enchaînées aux piés de Jânus, s'envolent.)

CHŒUR.

Quel bruit affreux fe fait entendre !
Quel fpectacle eft offert à nos yeux étonnés?
Charmante Paix, que nous ôfions attendre,
Eft-ce ainfi que vous revenés?

(JUNON defcend du ciel.)

SCÈNE IV.

JUNON, & les ACTEURS de la scène précédente.

JUNON, dans son char.

Vous ôfés préparer une paix qui m'offenfe :
Tremblés !... Et vous, Turnus , confommés ma ven‑
geance !
Chaffés des bords Aufoniens
Les perfides troyens.

Que les plus horribles tempêtes
Sur ces peuples errants s'affemblent dans les airs :
Que la foudre s'enflâme & gronde fur leurs têtes ;
Qu'ils foient précipités dans l'abîme des mers !

(*JUNON remonte aux cieux.*)

SCÈNE

SCÈNE V.

LE ROI, LA REINE, LAVINIE, ÉNÉE,
TURNUS, &c.

LE ROI.

Qu'ai-je entendu ? quel excès de colere !
Les dieux connoîssent-ils ces transports furïeux ?

ÉNÉE.

Espérons du secours : si Junon m'est contraire,
J'ai d'autres dieux pour moi, qui partagent les cieux.

LE ROI.

Sortons, ne songeons plus au choix que j'allois faire :
Nous devons ce respect à la Reine des dieux.

C

SCÈNE VI.

LA REINE, TURNUS.

ENSEMBLE.

TRïomphons, trïomphons! tout nous eft favorable :
Accâblons les troyens, ne les épargnons plus :
Par une vengeance implacable
Réparons les moments que nous avons perdus.

FIN DU PREMIER ACTE.

ACTE SECOND.

*Le Théâtre repréſente un bois conſacré à Faunus.
On voit, dans le fond, la ſtatue du Dieu.*

SCÈNE PREMIERE.

L A V I N I E, ſeule.

Toi, qui ſouvent nous marques ta préſence
Dans ce bois, qui t'eſt conſacré,
Faunus, toi dont mon pere a reçu la naiſſance,
Permèts à mes ſoûpirs de troubler le ſilence
De ce ſéjour ſi révéré.

C ij

✤✛✤✛✤✛✤✛✤✛✤✛✤✛✤✛✤✛✤✛✤✛✤✛✤✛✤✛✤✛✤✛✤

SCÈNE II.

CAMILLE, LAVINIE.

CAMILLE.

Pourquoi dans ce lieu solitaire
Venés-vous de vos pleurs entretenir le cours ?
Si Junon poursuit toûjours
Le héros qui fait vous plaire ,
La Déèsse des amours
N'est pas un foible secours.

LAVINIE.

Ah ! que peut-il atttendre
Du secours de Vénus ?

Elle a causé les feux qui vinrent me surprendre ;
Je l'aime, je le plains , & ne puis rien de plus.
Ah ! que peut-il attendre
Du secours de Vénus ?

Lorsque du haut des cieux Junon vient de descendre
Pour armer contre lui mon pere avec Turnus ,
L'objet d'une flâme si tendre
N'a pour lui que ces pleurs, que tu me vois répandre ,
Et qui lui sont même inconnus.
Ah ! que peut-il attendre
Du secours de Vénus ?

SCÈNE III.
Le ROI, LAVINIE, CAMILLE.
LE ROI.

MA fille, je ne puis renoncer, qu'avec peine,
A l'espoir de la paix, dont j'ôsois me flâter :
Peut-être que le ciel n'approuve point la haîne.
    Que Junon a fait éclater.
Dans le doute où je suis, j'ai recours à mon pere :
Son Oracle souvent me conduit & m'éclaire ;
    Et je viens pour le consulter.

    Habitant redoutable
    De ces antres & de ces bois,
Toi, pour qui l'avenir n'a rien d'impénétrable,
Toi, qu'oblige le sang à m'être favorable,
Tu peux seul dissiper le trouble où tu me vois;
    Daigne faire entendre ta voix.

SCÈNE VI.

LE ROI, LAVINIE, CAMILLE, FAUNES ET DRIADES.

CHŒUR de FAUNES & de DRIADES.

Quittons nos demeures fauvages,
Sortons de nos antres fecrèts ;
Écoutons, écoutons le Dieu de ces forèts.
De l'obfcur avenir il perçe les nüages ;
Écoutons, écoutons, &c.

L'ORACLE DE FAUNUS.

Les Amours vont bien-tôt ramener parmi vous
La Paix, qu'ils en avoient bannie.
Le Ciel fuivra les vœux de Lavinie
Sur le choix d'un époux.

LE ROI.

Ma fille, tu le vois, nos frayeurs étoient vaines ;
La fureur de Junon n'a qu'un foible pouvoir.

LAVINIE.

Eûffions-nous ôfé dans nos peines
Nous flater d'un fi doux efpoir ?

(Danſe des faunes & des driades, qui marquent leur joie d'un oracle ſi favorable.)

UN *FAUNE* & UNE *DRIADE*,
alternativement avec le CHŒUR.

Chantons, cent & cent fois,
Rendons hommage au Dieu des bois.
Il perce la nuit des tems
Sur le deſtin des amants :
S'ils aiment bien, s'ils ſont charmants,
Il voit la fin de leurs tourments.
Jeune beauté, quel ſort plus doux !
De tels oracles ſont faits pour vous.

Avec un cœur qui ſait aimer,
Goûtés le plaiſir de charmer ;
Non, rien ne doit vous allarmer :
Malgré les deſtins jaloux,
L'Amour nous protege tous :
Brûlés, imités-nous :
Peut-on aſſés reſſentir ſes coups ?
Voici le jour des Ris, des Jeux ;
Le dieu Faunus remplit nos vœux :
L'Oracle enfin a prononcé ;
L'auguſte himen eſt annoncé :
C'eſt l'Age-d'or
Qui renaît encor.

(On danſe.)

LE *ROI*, à *LAVINIE.*

Entre les deux héros il faut que tu choisisses :
Songe à régler enfin le fort qui les attend.
Sans-doute que les dieux, à tes vœux si propices,
Daigneront t'éclairer fur ce choix important.

SCÉNE V.

LAVINIE, *feule.*

JE me livre au bonheur dont ma peine est suivie :
Grands dieux, de quels plaisirs mon cœur est pénétré !
Un aimable héros, en fecret adoré,
Recevra de ma main le bonheur de fa vie !
Il pouvoit le tenir du Roi ;
Mais que j'aime à penfer qu'il tiendra tout de moi !

(*On entend une fimphonie.*)

Dieux, quelle est ma frayeur mortelle !
Une obfcure vapeur s'éleve des enfers !
Quels fantômes, fortis de la nuit éternelle,
Ôfent paroître dans les airs ?
Dieux, juftes dieux ! quel fpectacle terrible ?
Où fuis-je ? quel est mon effroi !
Dérobons-nous, s'il est poffible.

SCÈNE

XXXXXXXXXXXXXXXX◊XXXXXXXXXXX

SCÈNE VI.

LAVINIE, L'OMBRE DE DIDON.

L' OMBRE.

ARrête, Lavinie, arrête ! écoute moi.
   Je fus Didon , je regnai dans Carthage :
Un étranger, rebut des flots & de l'orage ,
De ma prodigue main reçut mille bienfaits :
L'Amour en sa faveur avoit séduit mon âme ;
Par une feinte ardeur il augmenta ma flâme ,
   Et m'abandonna pour-jamais.

LAVINIE.

Ah, quelle trahison !

L' OMBRE.

     Mon désespoir extrême
Arma mon bras contre moi-même :
Ma mort ne pût toucher mon indigne vainqueur.

LAVINIE.

Le perfide ! l'ingrat !

L' OMBRE.

     Cet ingrat , ce perfide,
      D

C'eft ce même troyen, pour qui l'amour décide
Dans le fond de ton cœur.

(L'OMBRE s'abîme.)

SCÈNE VII.

LAVINIE, feule.

QUel abîme de maux à mes yeux fe préfente!...
Juſte Ciel, prends pitié de la plus tendre amante!

FIN DU SECOND ACTE.

ACTE TROISIEME.

Le Théâtre repréfente les jardins d'un Palais de Circé,
qu'elle a laiffé à Latinus fon petit-fils.

SCÈNE PREMIERE.

LA REINE, TURNUS.

LA REINE.

PUifque ma fille encor ne fuit pas mon attente,
    Non, il n'eft rien que je ne tente.
Bacchus eft aujourd'hui célébré parmi nous,
Il ne voit les troyens que d'un œil de couroux;
    Tournons contre eux les fureurs qu'il infpire:
Peut-être aîdera-t-il lui-même à nos tranfports;

Peut-être ferons-nous que le peuple conspire
A les chasser tous de ces bords.

La princesse paroît, je vous laisse avec elle :
La fête de Bacchus m'appelle.

SCÈNE II.

LAVINIE, TURNUS.

TURNUS.

PRincesse, est-il donc vrai que vos vœux si long-
tems.
Entre Énée & Turnus puissent être flotants?

LAVINIE.

Souffrés, avec moins de colere,
Que je ne précipite rien :
Le choix que je dois faire
Regle le sort des états de mon pere,
Et décide du mien.

TURNUS.

Ne me trompés point, inhumaine !
Je ne connois que trop quel est votre embarras ;
Non, vous ne balancés pas :
Ce n'est point votre choix qui vous rend incertaine ;
Vous tremblés seulement à nous le déclarer ;
Et plus vous y sentés de peine,
Plus je vois quel amant vous voulés préférer.

LAVINIE.

Si mon choix étoit fait, quelle raifon fecrete
  M'obligeroit de le cacher?

TURNUS.

 Ah ! pourriés-vous ne vous pas reprochèr
  L'injure que vous m'auriés faite?

  Je fuis du fang dont vous fortés ;
 Je vous aimai , dès l'âge le plus tendre ;
Mes vœux font les premiers qu'on vous ait fait
    entendre ,
Et vos fers font les feuls que mon cœur ait portés.
Ne redoutés-vous point une honte éternelle
En nommant un troyen , inconnu dans ces lieux,
  Qui, peut-être, pour d'autres yeux
Brûla fouvent d'une flâme infidele?....
Vous vous troublés !

LAVINIE.

  Seigneur...

TURNUS.

     Ce trouble que je voi !
 M'apprend ce qu'il faut que j'efpere :
Vous voyés, malgré vous, tout le prix de ma foi,
  Et vous fentés, avec colere,

Que la raison vous parle encor pour moi.

LAVINIE.

Il est vrai, la raison pour vous se fait entendre;
Mais elle peut aussi parler pour un rival.
Le destin de tous deux de mon choix doit dépendre;
  Vous êtes dans un rang égal.

TURNUS.

Hé! peut-il comme moi vous aimer pour vous-même?
Haï des dieux, errant & par-tout rebuté,
Il n'a que votre himen pour fuir l'horreur extrême
Du sort, qui le poursuit, & qu'il a mérité.

LAVINIE.

Des vœux intéressés n'ont guere de puissance.
Si par de feints soûpirs on prétend m'impôser,
Je saurai démêler un dessein qui m'offense.

TURNUS.

  Vous saurés vous le déguiser.

Mais je ne prétends pas immoler ma tendresse :
J'aurai pour impôser à la témérité
  Et combattre votre foiblesse,
Les plus grands dieux, la Reine & mon cœur irrité.

SCÈNE III.

LAVINIE, seule.

QUelle superbe plainte a-t-il ôsé me faire ?
Quel est ce fier emportement ?..
Si l'on contraint mes vœux , s'il faut perdre un amant,
Qu'un instant si fatal pour le moins se differe.

(On entend un prélude bruyant.)

Quentends-je ?.. quel bruit confus !..

(Des bacchantes paroissent au fond du théâtre.)

Ce sont les fêtes éclatantes
Qu'on offre en ce jour à Bacchus...
La Reine conduit les bacchantes !

SCÈNE

SCÈNE IV.

LA REINE, LAVINIE, Bacchantes
qui célebrent la fête de BACCHUS.

(*On danse.*)

CHŒUR.

CHantons Bacchus & ses bienfaits.
 Quels fruits ont plus d'attraits
 Que les fruits dont il se couronne ?
 Les plaisirs ne quittent jamais
 L'aimable cour qui l'environne :
 La raison fuit , dès qu'il l'ordonne ,
 Et laisse les humains en paix.
 Chantons Bacchus & ses bienfaits.

(*On danse.*

LA REINE, *alternativement avec le* CHŒUR.

 Heureux les lieux où sa présence
  Répand mille appas !
  Heureux les climats
 Qui lui donnerent la naissance !
 Heureux les lieux ou sa présence
  Répand mille appas !

(*On danse.*)

E

LA REINE.

Les troyens déteſtent la Grece ;
Bacchus y prit naiſſance, il la comble de biens ;
Allons, que chacun s'emprèſſe
A pourſuivre les troyens.

(Une fureur divine ſaiſit les bacchantes.)

LA REINE & le CHŒUR.

Cherchons en tous lieux nos victimes,
Cherchons les troyens, hâtons-nous :
Que l'exil les diſperſe tous,
Que le fer puniſſe leurs crimes ;
Qu'ils périſſent dans les abîmes
De la mer en couroux !

O toi, qui contre eux nous animes
Par des fureurs ſi légitimes,
Bacchus, tu dois être jaloux
D'égaler Junon par tes coups :
Viens, frappe avec nous tes victimes !

LA REINE.

Toi, qui, par des tranſports puiſſants,
Te rends le maître de nos âmes,
De Lavinie embrâſe tous les ſens ;
Inſpire-lui la haîne que je ſens
Et la fureur dont tu m'enflâmes ;
Deſcends dans ſon cœur, deſcends.

(Danſe des bacchantes furieuſes , autour de LAVINIE.)

LAVINIE.

Où ſuis-je , o ciel ! dans les murs de Carthage
Qui m'a pu ſoudain tranſporter ?
J'y vois les feux allumés par la rage
D'une amante que l'on outrage ;
Je la vois s'y précipiter ;
J'entends ſes cris : dieux ! elle expire
En nommant un ingrat, inſenſible à ſa mort.

C'eſt envain qu'en ces lieux ton lâche cœur aſpire
A me faire un ſemblable ſort :
Va, perfide troyen ! cherche une autre conquête.

Reine , écoutés.... écoutés tous.
Je choiſis....

LA REINE.

Déclarés un choix digne de vous.

LAVINIE.

Malheureuſe Didon ! ...

LA REINE ET LE CHŒUR.

Parlés : qui vous arrête ?
E ij

LAVINIE.

Je choisis Turnus pour époux.

(*Elle sort.*)

LA REINE & *le* CHŒUR.

(*Pendant le morceau suivant la danse exprime sa joie du choix de LAVINIE.*)

> Que nos cris d'allegresse
> S'élevent jusqu'aux cieux :
> Nous sommes victorieux :
> Chantons, chantons sans-cesse ;
> Nous sommes victorieux.
> Que nos cris d'allegresse
> S'élevent jusqu'aux cieux.

FIN DU TROISIEME ACTE.

ACTE QUATRIEME

Le Théâtre représente le palais de Circé.

SCÈNE PREMIERE.

ÉNÉE, seul.

Maître du ciel, o toi, dont la puissance,
Malgré mille dangers, m'a conduit dans ces lieux,
Entends ma voix, daigne écouter mes vœux!
Tu vois mon sort cruël : grand Dieu, prends ma défense;
Ou que sur moi de la Reine des cieux
Ta foudre acheve la vengeance !

Je pers l'asile heureux, promis à nos travaux,
Et c'est le moindre de mes maux.
Maître du ciel, &c.

SCÈNE II.

ÉNÉE, LAVINIE.

ÉNÉE.

ME cherchés vous, cruëlle ?
Venés-vous infulter à ma douleur mortelle ?
Ah ! laiffés-moi mourir ;
Laiffés-moi difpôfer de mon dernier foûpir.
Que dis-je ? non, venés, venés répondre
Aux reproches qui vous font dûs :
Je veux, en mourant, vous confondre
Sur l'injufte choix de Turnus.
Mes tranfports, mon amour,....je fens que je m'égare....
Il règne en mon efprit un défordre fatal...
Hélas ! eft-il bien vrai que votre cœur barbare
Me facrifie à mon rival?

LAVINIE.

Vous prenés un foin inutile ;
Que vous fert d'étaler une feinte douleur ?
Si l'himen en ces lieux vous fait un fort tranquille,
Ma perte eft un foible malheur.

É N É E.

Ah ! que ne puis-je , à vos yeux même ,
Porter ailleurs mes foûpirs & ma foi !
Pourquoi feindrois-je ici ce défefpoir extrême ?
Que pourrois-je efpérer ? tout eft perdu pour moi !

L A V I N I E.

L'amour fur votre cœur n'a pas tant de puiffance ;
Didon avoit fu l'embrâfer ;
Vous vites cependant fa mort avec conftance.
La gloire des héros fans-doute les difpenfe
De la fidélité , de la reconnoiffance
Qu'aux vulgaires amants l'amour fait impôfer.

É N É E.

De ce crime odïeux ceffés de m'accufer.
Didon par fes bienfaits me prévenoit fans-ceffe :
Reconnoiffant de fa tendreffe ,
Plus que touché de fes appas ,
Je lui donnois un cœur , qui ne fe donnoit pas :
Et fi je la quittai, tel fut l'ordre fuprême
De Jupiter lui-même.

L A V I N I E.

O Ciel !

É N É E.

Que n'ai-je pu , grands dieux,

L'aimer, vivre auprès d'elle, éloigné de vos yeux !
Je n'éprouverois pas le défefpoir extrême
De voir ce que j'adore infenfible à mes feux.

LAVINIE.

Hé quoi ! vous m'aimeriés d'un amour fi fincere ?
Laiffés-moi plûtôt en douter.

ÉNÉE.

D'où vient que je vous vois à vous-même contraire ?
Hé ! quel trouble fecret femble vous agiter ?

LAVINIE.

Si j'avois votre cœur que je ferois à plaindre !

ÉNÉE.

Achevés : qui peut vous contraindre ?

LAVINIE.

Qu'aurois - je fait, grands dieux ! Turnus feroit
nommé,
Et vous feriés aimé !

ÉNÉE.

Qu'entends - je ! pourquoi donc , par un choix fi fu-
nefte....

LAVINIE.

LAVINIE.

Les enfers contre vous ont fait parler Didon
Une fureur divine, hélas ! a fait le reste ;
Et d'un amant , que je déteste ,
Elle a su m'arracher le nom.

ÉNÉE.

D'une aveugle fureur desavoüés l'ouvrage.

LAVINIE.

Il n'est plus tems ; mon choix est su du Roi.
Ma gloire , mes sermens , la Reine , tout m'engage
A suivre une cruëlle loi.

ÉNÉE et LAVINIE.

O ciel , quelle infortune extrême !

ÉNÉE.

Je vais perdre , à-jamais , le seul objet que j'aime.

LAVINIE.

Du bien qui m'attendoit je me prive moi-même.

ÉNÉE et LAVINIE.

O mort ! de nos tourments venés nous délivrer.
O mort ! unissés-nous ; on nous va séparer.

F

LAVINIE.

Je vois Turnus ; il faut que je l'évite.

ÉNÉE.

Laiſſés-moi lui parler ; dérobés-lui vos pleurs,
Puiſque je ſuis aimé, ce que mon cœur médite
Peut réparer tous nos malheurs.

****

SCÉNE III.
ÉNÉE, TURNUS.
ÉNÉE.

SEigneur, vous cherchés Lavinie ;
Permettés qu'un moment j'ôfe arrêter vos pas.
On a fait choix de vous, & la guerre eft finie :
Je fais trop que dans les combats
Le fang de nos fujèts ne fe doit plus répandre ;
Mais je puis encore prétendre
Que, le fer à la main, aux yeux de nos foldats,
Nous terminions feuls nos débats.

TURNUS.

Préféré par l'objet que j'aime ,
Je fais que je pourrois ne pas prendre la loi
De votre défefpoir extrême ;
Mais à la gloire auffi je fais ce que je doi :
J'accepte le combat, & j'obtièndrai du Roi
Qu'il en foit l'arbître fuprême.
Cependant, Seigneur, redoutés
Un rival, qui fur vous a déjà l'avantage.

É N É E.

La victoire que vous vantés
N'eft pas pour vous , peut - être , un fi charmant
préfage.

(*On entend une harmonie très-douce.*)

S C É N E I V.

É N É E , *feul.*

J'Entends d'agréables concerts :
Une clarté plus pure
Se répand dans les airs :
Un nouveau charme embellit la nature
Et pare l'univers.
C'eft Vénus qui defcend ; tout me fait reconnoître
La Déèffe de la beauté.
Et quelle autre divinité
Peut annoncer ainfi qu'elle eft prête à paroître ?

(*Vénus defcend des cieux.*)

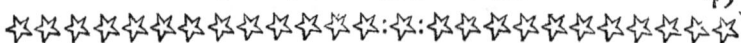

SCÈNE V.

VÉNUS , les GRACES, ÉNÉE, PLAISIRS *de la*
suite de VÉNUS ; *deux* AMOURS, *portant des*
armes pour ÉNÉE.

ÉNÉE.

DÉèſſe , à qui je puis donner des noms plus doux ,
Mere des Amours & ma mere ,
Quel deſtin , quelle loi ſevere
M'a ſi long-tems fait languir loin de vous ?

VÉNUS.

Mon fils , connois mieux ma tendreſſe ;
Tu ne vois pas toûjours ce que fait mon pouvoir :
En poſſedant le cœur d'une aimable princeſſe ,
Penſes-tu ne me rien devoir ?

Quand l'épouſe du Dieu qui lance le tonnerre ,
Arme contre tes jours & le ciel & la terre ,
Apprends ce que j'oppôſe à toutes ſes fureurs ;
Je te donne les cœurs.
J'ai fait plus : ton rival a des armes fatales ,
Teintes dans les eaux infernales ;
Et je t'aporte ici des armes , que Vulcain
Vient de forger pour toi d'une immortelle main.

(*Danſe des Grâces & des Plaiſirs.*)

V É N U S.

Plaifirs, préfentés-lui les armes
Qui de fon ennemi rendront le fort douteux :
Et vous, Grâces, Amours, verfés fur lui les charmes
Qui d'un aimable objet redoubleront les feux.

(Les Plaifirs, les Amours & les Grâces exécutent,
en danfant, les ordres de Vénus.)

C H Œ U R.

Quels triomphes charmants ! Déêffe de Cithere,
Tu parois, tous les cœurs te demandent des fers.
D'un regard, la beauté commande à l'univers:
C'eft regner que de plaire.

V É N U S.

Doux plaifirs , filés les jours
D'un fils que j'aime :
De fon fort, dieu des Amours,
Prends foin toi - même.

C H Œ U R.

Vole, règne toûjours.

V É N U S.

Viens, doux Himen, enchaîner fon amante.

C H Œ U R.

Remplis l'attente
Qui les enchante.

V É N U S.

Viens, répands tes biens charmants.

C H Œ U R.

Viens, répands tes biens charmants.

V É N U S.

Dieu d'Amour, tendre Amour,
Ramene la Paix;
Rends à cette cour
Ses plus doux attraits.

C H Œ U R.

Dieu d'Amour, &c.

V É N U S.

Plaifir, remplis mes fouhaits;
Les dieux t'ont fait naître exprès:
Règne fans-cèffe.

C H Œ U R.

Vole, fuis ta Déèffe.

V É N U S.

Forme des chaînes de fleurs.

C H Œ U R.

Règne par tes faveurs.

VÉNUS.

Plaifir, remplis tous les cœurs.

VÉNUS ET LE CHŒUR.

Tendre Amour, doux Himen, c'eft Vénus qui
    l'ordonne ;
Préparés pour fon fils la plus belle couronne.

FIN DU QUATRIEME ACTE.

ACTE

ACTE CINQUIEME.

Le Théâtre repréſente le Temple de Junon.

SCÈNE PREMIERE.

LAVINIE, ſeule.

QUEL triſte ſort dans ce temple m'amene?
Pourquoi faut-il que j'y ſuive la Reine?
Ici tout reconnoît la Maitreſſe des dieux,
  Qui nous haît, & qui nous accâble :
  Turnus feroit peu redoutable,
  Sans le ſecours qui lui vient de ces lieúx.

Peut-être le combat en ce moment commence,
Peut-être en ce moment Énée eſt en danger.
G

Juftes Dieux , prenés fa deffenfe !
Ah ! pourriés-vous ne le pas protéger ?

SCÉNE II.

LA REINE, LAVINIE.

LA REINE.

MA fille , trïomphons ; j'ai fait un facrifice
Qui nous promet un heureux fort.
Du plaifir que je fens partage le tranfport :
Il n'en faut point douter , Junon nous eft propice,
Et l'on va du troyen nous annoncer la mort.

LAVINIE.

Sa mort !.. ah , je frémis !

LA REINE.

Quelle eft cette furprife !
Quoi ? contre un ennemi le ciel nous favorife,
Et j'entends vos foûpirs , je vois coûler vos pleurs !

LAVINIE.

Puifque ma flâme s'eft trahie,
Je ne vous cache plus mes mortelles douleurs ;
Avec cet ennemi je vais perdre la vie.

L A R E I N E.

Quentends - je ? ah ! rougifſés de cet indigne amour.

L A V I N I E.

Contentés-vous, qu'il m'en coûte le jour.

SCÊNE III.

L A R E I N E , L A V I N I E , C H Œ U R ,
que l'on entend, & qu'on ne voit point.

(On entend un bruit de trïomphe.)

L A R E I N E.

QUels fons ! la trompette éclatante
Annonce de Turnus le fuccès glorïeux.

C H Œ U R , derriere le théâtre.

Élevons jufqu'aux cieux
La valeur trïomphante.

L A R E I N E.

O Junon !

L A V I N I E.

Je frémis !

L E C H Œ U R.

Chantons le jour heureux

G ij

Qui comble notre attente.

(Le ROI paroît, conduisant ENÉE, entouré de Soldats
& de Peuples.)

L A   R E I N E.

Ciel, que vois-je! fuyons un vainqueur odïeux.

SCÈNE IV.

LAVINIE, LE ROI, ÉNÉE, SOLDATS TROYENS,
PEUPLES.

LE ROI, présentant ÉNÉE à LAVINIE.

VEnés, digne héros, que ma fille couronne
Le trïomphe éclatant que la valeur vous donne.

ÉNÉE, à la PRINCESSE.

Ah! n'accorderiés-vous votre main qu'au vainqueur ?
Non ; qu'elle soit le prix de toute ma tendresse.

L A V I N I E.

Vénus peut lire dans mon cœur ;
Et vous êtes son fils ; croyés-en la Déèsse.

ÉNÉE, s'avançant à l'Autel de JUNON.

Redoutable Junon, je viens à vos genoux

Par des respects profonds expïer ma victoire :
L'Amour vient d'égaler mon bonheur à ma gloire ;
Et dans ce même instant je me soûmèts à vous.

LAVINIE & ÉNÉE , la main pôsée sur l'autel.

Par un serment à-jamais respecté,

Souffrés { qu'à ce héros } un tendre himen me lie.
{ qu'à ma princesse }

Nous n'implorons ce nœud si souhaité ,
Que pour avoir la liberté
De nous aimer le reste de la vie.

LE ROI.

Ah , quel présage heureux ! quelle vive clarté ?

❀❀❀❀❀❀❀❀❀❀:❀❀❀❀❀❀❀❀❀

SCÈNE V.

LES ACTEURS DE LA SCÈNE PRÉCÉDENTE, JUNON, IRIS.

(JUNON defcend dans une Gloire, environnée de fes attributs. IRIS eft auprès d'elle, pôfée fur fon Arc.)

JUNON, dans fa gloire.

INvincible guerrier, Junon vient vous apprendre
Qu'à vos heureux deftins elle daigne fe rendre :
Ma haîne contre vous n'a que trop combattu.
Il n'eft rien qu'à la fin la vertu ne furmonte ;
    A Vénus tout cede fans honte,
Et vous avés pour vous Vénus & la vertu.

LE ROI, LAVINIE, ÉNÉE.

O fuprême bonté ! quelle reconnoiffance !...

JUNON.

    Iris, raffemblés dans ces lieux
Tous les Êtres foûmis à mon obéiffance :
(IRIS defcend fur fon arc.)
Je veux fur ces époux fignaler ma puiffance
    A force de les rendre heureux.
    (JUNON difparoît.)

IRIS, *d'abord feule , & enfuite alternativement avec le* C*H* Œ*U* R.

Junon commande
Du haut des cieux jufqu'au fond des enfers ;
Que, fur la terre & dans les airs,
A fa voix tout vole & fe rende.

SCÈNE DERNIERE.

LES ACTEURS DE LA ScÈNE PRÉCÉDENTE,
hors J*U* N*O* N ;
H*ébé* , N*imphes de fa fuite* , E*sprits de
l'*Air*, G*nomes* & G*nomides*, P*euples de l'Afie,
qui viennent célébrer le triomphè d'*É*N*ÉE* & fon union
avec *L* A*V* I*N* I*E*.   (*On danfe.*)

É N É E.

J U*piter lance fon tonnerre ;*
Il ordonne au dieu Mars d'enfanglanter la terre :
De fon trident Neptune ouvre le fein des mers ;
Il partage les flots & leur onde écumante ;
Leurs abîmes profonds, dont l'afpect épouvente,
Semblent offrir le chemin des enfers.

La mer calme fa vïolence ;
La paix ramene l'abondance :
Les dieux ne font plus irrités ;
Tout nous annonce leur clémence ;

Tout fert à faire éclater leur puiſſance :
Rendons grâces à leurs bontés !

(*La fête continue.*)

IRIS, LE *ROI* & LE *CHŒUR* ; *LAVINIE*
& *ÉNÉE.*

Que de l'Amour tout célebre les charmes.

Aimés-vous ⎰ ſans allarmes ;
Aimons-nous ⎱

Livrés vos cœurs ⎰ à ſes attraits :
Livrons nos cœurs ⎱

Chantés ⎰ ſes flâmes ;
Chantons ⎱

Il eſt le vainqueur de ⎰ vos ⎱ âmes :
                      ⎱ nos ⎰

Qu'il règne, qu'il trïomphe à-jamais !

(*Une fête générale termine l'Opera.*)

F I N.

A P P R O B A T I O N.

J'Ai lu, par ordre de Monſeigneur le Chancelier, une nouvelle
Édition de l'Opera intitulé ENÉE & LAVINIE, & je n'y ai rien
trouvé qui doive empêcher l'impreſſion. A Paris le 9 Octobre 1768.
                                    DE MONCRIF.